Grafomotricidad

sm infantil

Me llamo ....

W0220059

Cuaderno 2

Los cuadernos de grafomotricidad **Trazando en...** han sido pensados para ayudar a los niños y las niñas en el desarrollo y control de los gestos gráficos necesarios para una escritura correcta. Son tres niveles, con fichas de dificultad progresiva, integrados en un contexto que sirve de hilo conductor para hacer el trabajo más atractivo. Es recomendable el uso de los reversos de las fichas para el refuerzo de lo aprendido. Algunos de ellos llevan actividades específicas, señaladas en la orden de trabajo con **R**.

PROGRESIÓN DE TRAZOS NIVEL 2. Trazando en la selva

TRAZOS	FICHAS
Repaso trazos 3 años	De la 1 a la 3
Círculos	De la 4 a la 6
Oblicuos	De la 7 a la 12
Cruces	De la 13 a la 15
Aspas	De la 16 a la 18
Espirales	De la 19 a la 22
Curvos	De la 23 a la 28
Repaso	De la 29 a la 31

Proyecto didáctico: Equipo de Educación Infantil de Ediciones SM. **Autoría:** Paz González de la Torre. **Revisión pedagógica y coordinación editorial:** Cristina Ulloa. **Coordinación técnica:** Elena Correa. **Ilustración:** Margarita Menéndez. **Diseño de cubierta:** Estudio SM. **Diseño de interiores:** Diana López. **Maquetación:** Antonio Herrera. **Dirección editorial:** Francis Berdugo

ISBN: 978-84-675-0811-6 / Depósito legal: M-19390-2008
Melsa - Ctra. de Fuenlabrada a Pinto, km 21,8 - Pinto (Madrid) / Impreso en España - *Printed in Spain*

LA SELVA

Ficha 1

- Bienvenidos a esta selva tan especial que, juntos, vamos a repasar.

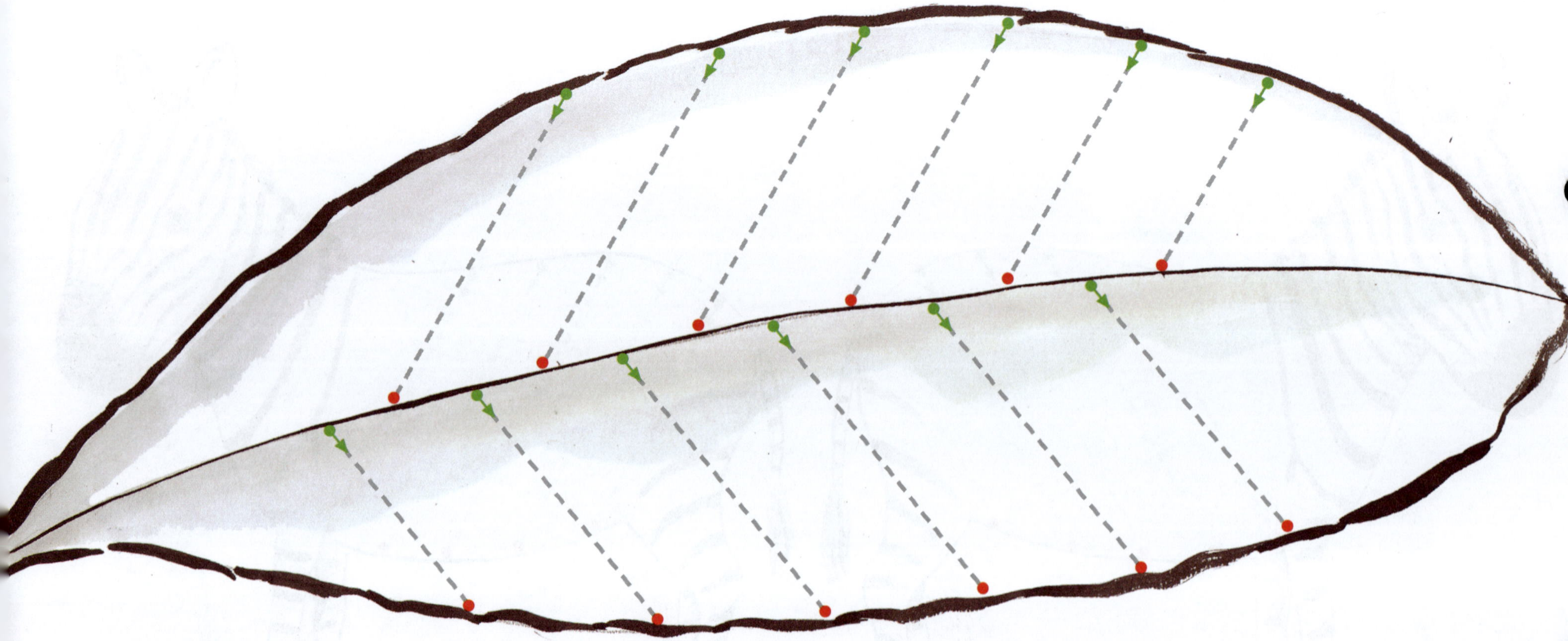

Ficha 2

- Estas cebras sus rayas han perdido. Trázalas como es debido.

Ⓡ La hoja verde tiene que estar y tú lo tienes que lograr.

LA CASCADA DE LA SELVA

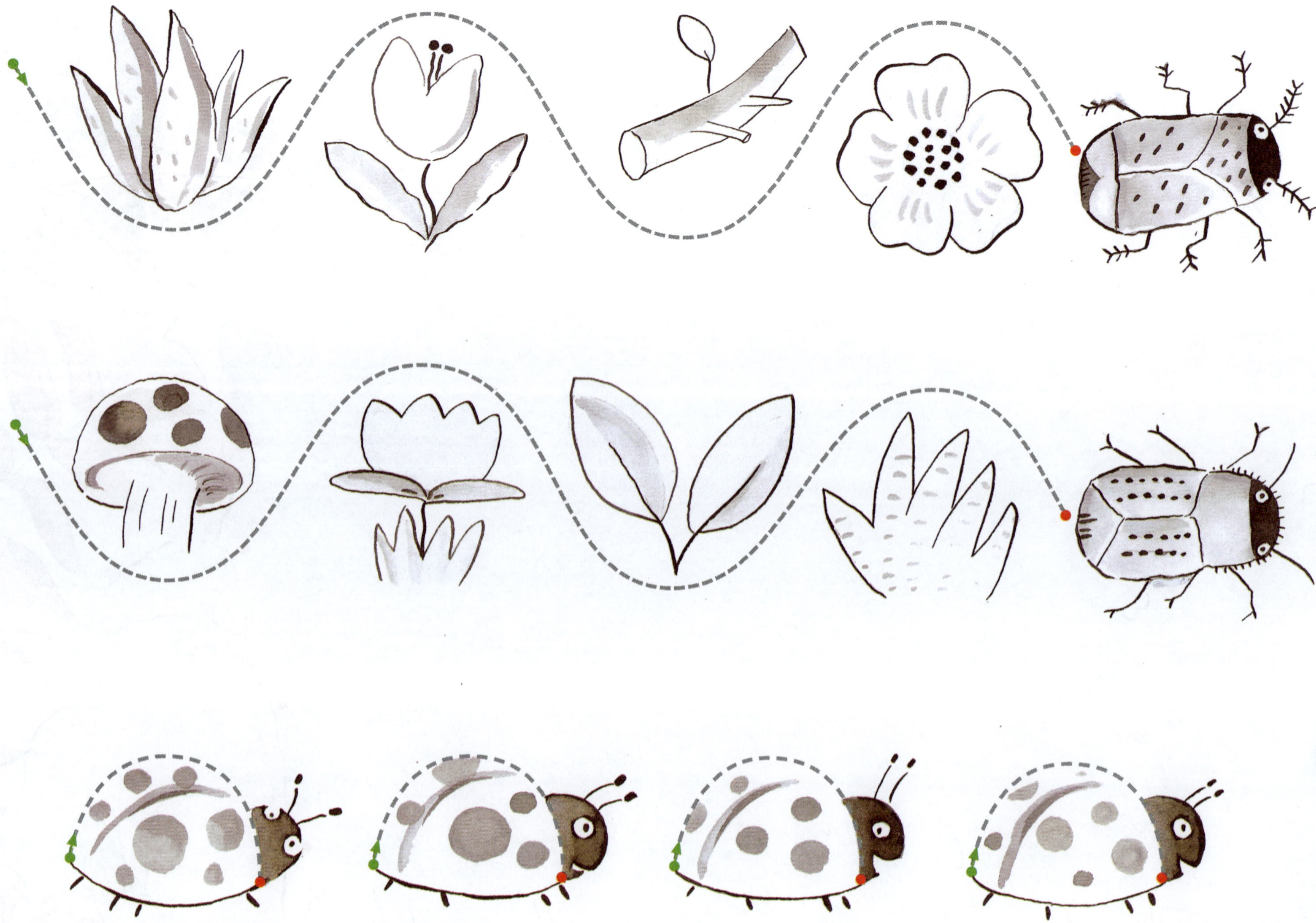

Ficha 3

- Cae fuerte y sin paradas, el agua de esta cascada.

(R) Escarabajos y mariquitas dejan la marca de sus patitas.

EL HIPOPÓTAMO

Ficha 4

- En una charca darse un chapuzón, y dibujar pompas a mogollón.

R El rinoceronte sigue adelante dejando huellas de gigante.

LOS REYES DE LA SELVA

Ficha 5

- Los leones están contentos y cuidan la manada muy atentos.

RANITAS MIRONAS

Ficha 6

- Como cada mañana abren los ojos estas ranas.

EL POBLADO

Ficha 7

- En la choza del gran jefe hemos cenado un manjar que la tribu ha cocinado.

HAY MUCHAS PLANTAS

Ficha 8

- En la selva las plantas crecen y crecen, y muchas flores aparecen.

EL TIGRE FEROZ

Ficha 9

- Este tigre nos enseña sus dientes, mientras nos mira sonriente.

¡VAYA PAR DE AMIGOS!

Ficha 10

- Por el río muy tranquilos se pasean los cocodrilos.

PÁJAROS CON CRESTA

Ficha 11

- Estas aves adornan sus crestas para ir a la selva de fiesta.

LA TORMENTA

Ficha 12

- Lluvia y rayos se presentan cuando llega la tormenta.
- **R** Para llegar a sus mamás, un gran camino has de trazar.

UN GRAN TESORO

Ficha 13

- Mira cómo brilla el oro de este gran tesoro.

LOS INDÍGENAS

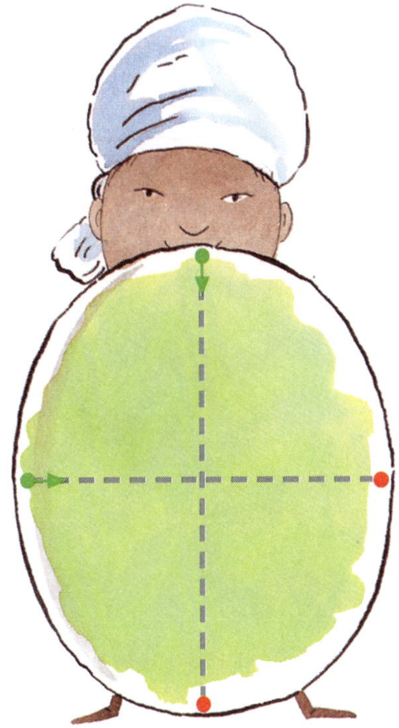

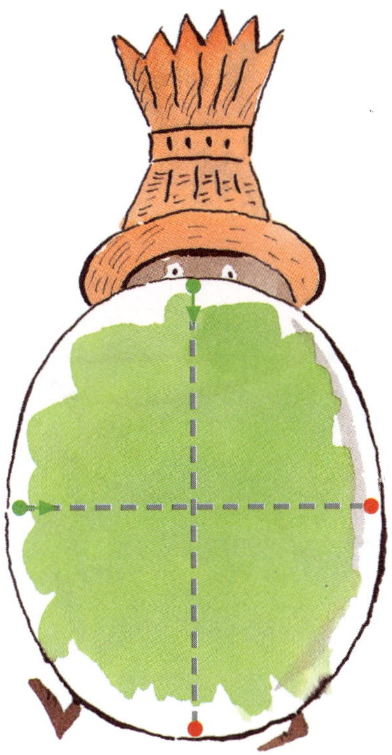

Ficha 14

- Los indígenas la selva cuidan y a sus animales admiran.

R Cruces dentro del marco tienes que hacer y colorear los animales blancos que ves.

NOCHE ESTRELLADA

Ficha 15

- ¡Qué bonita madrugada, con esta noche estrellada!

LOS MONOS JUGUETONES

Ficha 16

- Estos monos desde las ramas saltan de liana en liana.

LAS FLORES SELVÁTICAS

Ficha 17

- En la selva hay muchas flores, que crecen grandes y de vivos colores.

NOS MOVEMOS POR EL RÍO

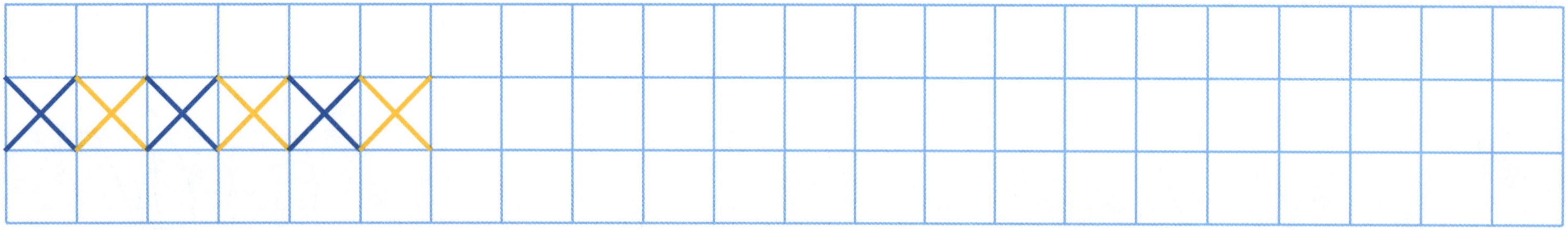

Ficha 18

- Las canoas y piraguas compiten siempre en el agua.

Ficha 19

- Estos camaleones tan enrollados, una mosca han atrapado.

EL LEÓN PRESUMIDO

Ficha 20

- La melena de este león se riza un montón.

¡CUÁNTAS SERPIENTES!

Ficha 21

- Si quieres ver sus cuerpos colgados, colorea estas serpientes con mucho cuidado.

R Los caracoles cuidan su casa y por toda la selva la arrastran.

UNA MARIPOSA GIGANTE

Ficha 22

- Mariposa vuela sin parar, y tus alas tan bonitas no dejes de agitar.

JIRAFAS COMILONAS

Ficha 23

- Las jirafas su cuello han estirado y las ramas del árbol han arrancado.

PÁJAROS JUGUETONES

Ficha 24

- Bajo el sol y la luna, viven los pájaros con sus plumas.

R Los pájaros vuelan deprisa para llegar antes de que se acabe el día.

LA TARÁNTULA

Ficha 25

- La tarántula su tela teje sin parar. ¡Ten cuidado no te vaya a atrapar!

Ficha 26

- Muchos cocos han recogido, ahora elige tu preferido.

UNA GRAN MANADA

Ficha 27

- Juntos avanzan los elefantes, con unos pasos muy elegantes.

LA BALSA

Ficha 28

- La balsa nos lleva por el río, haga mucho calor o mucho frío.

UN NUEVO AMIGO

Ficha 29

- ¡Vaya cinta le han regalado por lo bien que se ha portado!

TODOS EN LA SELVA

Ficha 30

- En la selva todos caben y todos ellos lo saben.

NOS VEMOS PRONTO

Ficha 31

- Y hasta aquí la visita a la selva. Esperamos con muchas ganas que vuelvas.